The Adventures of Thom

Las Aventuras de Tomás el Gato

The Adventures of Thomas the Cat

Las Aventuras de Tomás el Gato

Copyright information: @ Lynda Lock & Diego Medina

Publisher: Lynda Lock & Diego Medina

ISBN number: 9780993620393

The Adventures of Thomas the Cat
Las Aventuras de Tomás el Gato

Dedication:

From Lynda: with love to the Lock men - Lawrie, John, Ethan and Evan. Con amor para los hombres Lock - Lawrie, John, Ethan y Evan.

From Diego: to my parents, thank you for everything. Para mis padres, gracias por todo.

Author/Autora: Lynda L. Lock Illustrator/Ilustrador: Diego Medina

Translation and revision/Traducción y revisión: Mauri Fabiola Medina, Diego Medina, Christy Dix

Story teller/Cuentista: Thomas the Cat, Tomás el Gato

Introducing: Princess Chica, Odd-the-Dog, and Missy. Presentando: Princesa Chica, Odd el Perro y Missy

"Mom? Mom, where are you?" Alone and afraid the grey kitten hid under the grapevines. He couldn't remember where he lived. This large building didn't look familiar.

"¿Mami? ¿Mamita, dónde estás?" Solo y asustado el gatito gris se escondió debajo de las parras. Él no podía recordar dónde vivía. Este gran edificio no parecía familiar.

"Oh, look, a kitten," a woman said. "He must be lost. What's your name?"
"I'm Thomas the Cat," meowed the kitten. "We'll take you home with us," the woman said.

"¡Oh, mira, un gatito!" dijo la mujer. "Debe estar perdido. ¿Cómo te llamas?"
"Soy Tomás el Gato" maulló el gatito. "Te llevaremos a casa con nosotros," dijo la mujer.

For many years, Thomas the Cat lived with his two humans in a very big house. He had lots of fun exploring. He met friendly deer. And he saw very scary cougars.

Por muchos años, Tomás el Gato vivió con sus dos humanos en una casa muy grande. Él se divirtió mucho explorando. Conoció al amistoso venado y vio pumas muy feroces.

Then they moved to a pretty house on a lake. Next door lived two kittens and a little dog. The kittens were named Baby and Edie. The Little dog was called Cleo. He liked all of his new playmates.

Luego se mudaron a una hermosa casa en un lago. Al lado vivían dos gatitas y una perrita. Los nombres de las gatitas eran Bebé y Edie. La perrita se llamaba Cleo. A él le gustaban sus nuevas compañeras.

One day, the woman asked Thomas the Cat, "Do you want to come for a boat ride with me?" "Of course!" he answered, jumping into the row boat. "Sit up front and be the lookout," she said.

Un día, la mujer le preguntó a Tomás el Gato, "¿Quieres venir a pasear en barco conmigo?" "¡Por supuesto!" respondió, saltando al bote de remos. "Siéntate adelante y ponte al acecho." dijo ella.

They rowed out onto the big lake. Thomas and his human pretended they were pirates searching for treasures. They saw birds, and fish, and beavers. It was all very exciting.

Ellos remaron por el lago. Tomás y su humana fingieron que eran piratas en busca de tesoros. Vieron aves, peces, y castores. Fue muy emocionante.

Thomas was very happy living in the house by the lake. Then, one day something very strange happened. There were piles of boxes in the house. Words were printed on them. Give away. Sell. Take.

Tomás era muy feliz viviendo en la casa junto al lago. Luego, un día sucedió algo muy extraño. Había pilas de cajas en la casa. Había palabras escritas en ellas. Regalar. Vender. Se queda.

He looked in one of the suitcases. His favourite toys, plus his blanket and cans of cat food were inside. "Are we moving again?" he wondered. He didn't want to leave his friends, but he liked aventures.

Él miró en una de las maletas. Sus juguetes favoritos, su manta y latas de comida estaban adentro. "¿Nos vamos de nuevo?" se preguntaba. No quería dejar a sus amigos, pero le gustaban las aventuras.

The next day, the woman said, "We are going on an adventure. We're moving to Mexico." "Mexico?" He hoped that Mexico wasn't another name for veterinarian! He didn't like the cat-doctor.

Al día siguiente, la mujer dijo, "Nos vamos a una aventura. Nos mudamos a México." "¿México?" ¡Él esperaba que México no fuera otro nombre para el veterinario! No le gustaba el doctor de gatos.

Outside the house, the man loaded their things in the car. Thomas was happy that he didn't have to carry the heavy boxes. The taxi driver took them to a big building with a sign that said Airport.

Afuera de la casa, el hombre puso sus cosas en el taxi. Tomás estaba feliz de no tener que cargar las cajas pesadas. El taxista los llevó a un edificio con un letrero que decía Aeropuerto.

At the airport the security officer said, "Hold him and walk through the metal detector." Frightened, he tried to wiggle free. Lights flashed. Then she said, "Okay, put him back in his cage."

En el aeropuerto una oficial dijo, "Agárrelo y pase por el detector de metal." Asustado, él intentó liberarse. Las luces destellaron. La mujer dijo, "Está bien, póngalo en su jaula".

An hour later, they got on the airplane. Thomas was stuck under the seat in his cat carrier. His human said, "Just a few more hours." "*Hmmpf!*" He grumbled. "*You try spending hours in a cramped cage!*"

Una hora después, subieron al avión. Tomás estaba atrapado en su jaula, debajo del asiento. Su humano dijo, "Sólo un par de horas más." "Hmmpf!" Él se quejó. "¡Intenta pasar horas en una jaula estrecha!"

Suddenly, there was a huge noise as the airplance raced down the runway, and then they were flying up, up into the air. Whee! This was Thomas' first time on an airplane. It was scary, but fun.

De repente, hubo un gran ruido mientras el avión recorría la pista, y luego se fueron volando alto, alto en el aire. ¡Siiii! Fue la primera vez que Tomás estaba en un avión. Le daba miedo, pero fue divertido.

Just when he thought the flight would never end, the airplane started going down, down, down. It landed with a little bump on the ground. The flight attendant said, Welcome to Cancun."

Justo cuando él pensó que el vuelo jamás terminaría, el avión empezó a bajar, bajar, y bajar. Aterrizaron con un leve golpe en el suelo. La azafata dijo, "Bienvenidos a Cancún".

Inside the terminal they waited in another line for the security officers. The guard said, "Push that button. Okay, it is a green light. You can go." "*Whew!*" Thomas thought the man looked like the cat-doctor. He didn't like the cat-doctor!

Dentro de la terminal esperaron a los oficiales de seguridad en otra línea. El guardia dijo, "Presiona ese botón. De acuerdo, es una luz verde. Puedes irte. "*¡Menos mal!*" Tomás pensó que el hombre se parecía a un doctor de gatos. ¡A él no le gustaba el doctor de gatos!

Outside the terminal he was put inside a big van. The scenery zipped past quickly. He saw strange trees, bright flowers, colourful buildings and he could smell the ocean. *"Wow! How exciting!"*

Afuera de la terminal lo pusieron en una camioneta. El paisaje cambió rápidamente. Él vio árboles diferentes, flores brillantes, edificios coloridos y él podía oler el oceano. "¡Wow, qué emocionante!"

Next was a boat ride on a big fast, blue and yellow boat. They travelled for 15 minutes to a small island called Isla Mujeres. *'The Island of Women.'* Thomas thought that was a silly name. He was a cat. And he was moving there! *"It should be named 'The Island of Cats'."*

Lo siguiente fue cruzar en barco. Era un gran barco rápido, amarillo con azul. Viajaron por 15 minutos a una pequeña isla llamada Isla Mujeres. *'La Isla de las Mujeres.'* Tomás pensó que era un nombre tonto. Él era un gato, y se estaba mudando allí. *"Debería de llamarse 'La Isla de los Gatos'."*

By the time the boat landed at Isla Mujeres the sun had gone to bed. It had been a very long day of travelling in cars, planes, boats and now a red taxi. The taxi driver zoomed along the dark roads at a fast speed. Thomas was tired and hungry.

Cuando el barco llegó a Isla Mujeres el sol se había ido a dormir. Había sido un largo día de viaje por carro, avión, barco y ahora en un taxi rojo. El taxista manejó por las calles oscuras a gran velocidad. Tomás estaba cansado y hambriento.

Finally, the taxi stopped at a pretty white house. "We're here!" said the man. Their belongings were piled on the sidewalk as the woman opened the door to the house. "Come on Thomas, let's go inside."

Finalmente, el taxi paró enfrente de una casa blanca muy bonita. "¡Ya llegamos!" dijo el hombre. Sus pertenencias estaban apiladas en la acera cuando la mujer abrió la puerta de la casa. "Vamos Tomás, entremos".

The woman carried Thomas up the winding staircase to the bedroom. "I am sooo tired," he meowed, quietly. Then Thomas buried his face in a stack of pillows on the big bed and fell asleep.

La mujer llevó a Tomás por las escaleras de caracol hasta la habitación. "Estoy muuuy cansado," él maulló en voz baja. Luego él puso su cara dentro de una pila de almohadas sobre la gran cama y se durmió.

In the morning, he tickled his human's nose with his whiskers. "Wake up. Wake up!" "Okay, okay," she said, "Let's have a look at your new home in Mexico."

En la mañana, él le hizo cosquillas en la nariz de su humano con sus bigotes. "¡Despiértate, despiértate!" "Está bien, está bien," dijo ella, "Demos un vistazo a tu nueva casa en México."

Thomas ran down the stairs. He was so excited he didn't stop to eat his breakfast. "Mexico! It wasn't another word for cat-doctor. Instead, it was an exciting adventure."

Tomás bajó las escaleras corriendo. Estaba tan emocionado que no se detuvo a comer su desayuno. "¡México! No era otra palabra para el doctor de gatos. De hecho, era una aventura emocionante."

Running outside he almost bumped into another cat. "Hey! Who are you?" he asked. "I am Princess Chica! This is my beach," she said, flicking her tail. *Hi Chica! I'm Thomas."*

Al correr afuera casi chocó con otro gato. "¡Oye! ¿Quién eres?" él le preguntó. "¡Yo soy la Princesa Chica! ¡Ésta es mi playa!" dijo ella, chasqueando su cola. "¡Hola Chica! Yo soy Tomás."

"Let's be friends. Do you want some breakfast?" said Thomas. "I'll tell you about my adventures in Canada. You can tell me all about Mexico." "Well," she meowed, "I am a little hungry. What's to eat?"

"Seamos amigos. ¿Quieres desayunar?" le dijo Tomás. "Te contaré sobre mis aventuras en Canadá. Tú puedes contarme sobre México." "Bien," ella maulló, "Tengo un poco de hambre. ¿Qué hay para comer?"

Between bites of food, Chica told Thomas about the other animals living on the beach. "There are two dogs," she said. "Odd is the boy dog. He has one blue eye and one brown eye. Missy is the girl dog."

Entre bocado y bocado de comida, Chica le dijo a Tomás sobre los otros animales que viven en la playa. "Hay dos perros." ella le dijo. "El perro se llama Odd. Tiene un ojo azul y uno café. La otra se llama Missy."

Just then, the two dogs could be seen walking towards the house. "I think there are people living in this new house. Let's go say hello!"

Es ese momento, se pudieron ver a los dos perros caminando hacia la casa. "Pienso que hay personas viviendo en esta nueva casa. ¡Vayamos a saludar!"

Odd stopped suddenly. "Oh oh! Two cats, and one is Princess Chica! What do we do now Missy?"

Odd se detuvo de repente. "¡Oh, oh! ¡Dos gatos, y uno es la Princesa Chica! ¿Qué hacemos ahora, Missy?"

"Just be friendly," Missy said. Tails wagging, Missy and Odd walked towards the cats. "¡Hola!" The two dogs greeted the cats. "¡Hola!" Thomas and Chica replied.

"Seamos amigables," dijo Missy. Meneando sus colas, Missy y Odd caminaron hacia los gatos. "¡Hola!" Los dos perros saludaron a los gatos. "¡Hola!" respondieron Tomás y Chica.

Thomas the Cat, Princess Chica and the two humans joined the dogs on the beach. Patting the animals, the humans knew that they were going to be good friends and have lots of adventures together.

Tomás el Gato, la Princesa Chica y los dos humanos se unieron con los perros en la playa. Acariciando a los animales, los humanos sabían que serían grandes amigos y que tendrían muchas aventuras juntos.

Made in the USA
Monee, IL
14 June 2021

71222524R00021